12
L.K. 528.

SAINT-DOMINGUE

ET SANTHONAX,

Article extrait des Annales universelles *du 6 juin 1797*
(18 prairial an V).

PARIS,

DE L'IMPRIMERIE DE J. G. DENTU,
rue des Petits-Augustins, n° 5.
1822.

SAINT-DOMINGUE

ET SANTHONAX,

Article extrait des Annales universelles *du 6 juin 1797*
(18 prairial an V).

La France entière attend, avec la plus vive impatience, le résultat de la discussion ouverte, depuis quelques jours, au Conseil des Cinq-Cents, sur les colonies. On a vu, par les débats, combien la grande majorité des députés partage l'indignation dont le public est pénétré contre le destructeur de Saint-Domingue (1). Voilà donc le jour de la justice arrivé pour ce monstre !... En vain quelques apologistes sans pudeur veulent embrasser sa défense : ils ne réussiront qu'à se couvrir d'une partie de l'opprobre attaché à sa vie politique.

---

(1) *Voyez* les feuilles du *Moniteur* des premiers jours du mois de juin 1797.

En vain le Directoire, au moment où la loi va le forcer à prononcer le rappel de *son élu*, essaie-t-il de le justifier par un message : cet acte du Directoire n'obtiendra d'autre approbation que celle des nègres de Saint-Domingue, aujourd'hui possesseurs des habitations dévastées dont ils ont reçu l'*investiture*. Nous allons le mettre sous les yeux de nos lecteurs ; nous vous l'adressons particulièrement, malheureux colons, échappés au fer de vos assassins, mais fugitifs, dépouillés et réduits à la misère. Lisez-le attentivement. On a voulu, dit-on, vous donner *des motifs de consolation et d'espérance ;* quant à nous, disons-le sans crainte, nous n'y voyons qu'une fausse et insultante pitié, qu'une barbare dérision !

« Citoyens représentans,

« Le Directoire n'a point à rappeler au Con-
« seil, que sept années de troubles, de guerre
« civile et d'anarchie avaient désolé Saint-
« Domingue, lorsque le gouvernement consti-
« tutionnel y fut établi. De 1789 à 1796, plu-
« sieurs villes et un nombre considérable d'ha-
« bitations avaient été livrées ou incendiées.
« Pendant quatre ans, les Anglais et les Espa-

« gnols avaient employé tous les moyens de
« porter le désordre à son comble : secondés
« par un parti d'émigrés, ils avaient alimenté
« la Vendée coloniale, par des dépenses énor-
« mes et par de fortes émissions d'hommes.
« Cependant la guerre d'Europe a long-temps
« fixé seule les regards de la France : tous les
« sacrifices avaient pour but de nous défaire
« de l'ennemi que nous voyions le plus près
« de nous ; et nos colonies, presqu'abandon-
« nées, n'ont pu recevoir de la mère-patrie
« que de faibles marques de souvenir et d'intérêt.
« Faut-il le dire ? les agens que le Directoire a
« choisis pour les îles Sous-le-Vent n'ont pu
« emporter que 150,000 francs. Il ne leur a rien
« envoyé depuis leur départ; et les Anglais,
« de leur propre aveu, ont dépensé cent vingt-
« cinq millions tournois pour se conserver sur
« dix-huit ou vingt lieues de terrain qu'ils occu-
« pent à Saint-Domingue.

« D'après ce tableau, peut-être le Directoire
« serait-il fondé à se plaindre du sens que l'on
« a donné aux différens messages par lesquels
« il annonçait une amélioration dans les cul-
« tures. Certes, on ne peut pas supposer
« qu'elles soient dans un état aussi brillant
« qu'en 1788 ; et lorsqu'il a parlé de leur amé-

« lioration, c'était toujours comparativement à
« ce qu'étaient les choses lors de l'arrivée de
« ses agens dans l'île. Il devait au zèle et aux
« efforts de ceux-ci de publier leurs succès; il
« le devait aussi aux propriétaires des colonies
« résidant en France. Ceux-ci peut-être ont été
« trop découragés, trop inquiétés : le Directoire
« voulait leur rendre l'espoir, et fixer de nou-
« veau leurs regards sur un pays qui leur promet
« encore de grandes ressources.

« C'est dans cette même intention, c'est en-
« core pour tranquilliser le Conseil et les pro-
« priétaires ; c'est surtout dans l'intention de
« rappeler le commerce, que le Directoire vous
« transmet l'extrait de différentes lettres de
« Saint-Domingue. Il n'a retiré de cette corres-
« pondance intéressante que les détails di-
« plomatiques ou militaires dont la publicité
« pourrait être dangereuse dans le moment
« actuel.

« Tandis que les Français de Saint-Domingue
« s'occupent du soin de conserver la colonie,
« et d'en éloigner les Anglais, ceux des îles du
« Vent offrent leurs secours et leurs forces aux
« alliés de la république. A la nouvelle de la
« descente des Anglais à Porto-Ricco, où ils
« avaient réuni des forces considérables,

« 1200 Français, commandés par le citoyen
« Pâris, ont offert au gouvernement espagnol,
« qui a accepté leurs offres, de se charger de
« la défense d'un fort sur lequel ils ont arboré
« le pavillon tricolore.

« Cette nouvelle a été donnée hier au soir
« au ministère de la marine, par le capitaine
« du corsaire *la Vengeance*, arrivé, en vingt-
« trois jours, de Saint-Thomas, établissement
« voisin de Porto-Ricco. Un bâtiment qui avait
« quitté le Cap-Français dans les premiers jours
« de floréal, et que le capitaine de *la Vengeance*
« a laissé à Saint-Thomas, y avait annoncé qu'à
« son départ tout le nord de Saint-Domingue
« continuait à jouir de la plus grande tran-
« quillité.

« Fait à Paris, le 16 prairial an v.

« *Signé* CARNOT, président;

« *Signé* LAGARDE, secrétaire général. »

C'est donc ainsi que le Directoire répond
aux accusations si graves qui, du haut de la
tribune publique, ont été articulées, ces jours
derniers, contre Santhonax!...

« *Le Directoire n'a point à rappeler au
Conseil que sept années de troubles, de guerre*

civile et d'anarchie avaient désolé Saint-Domingue, lorsque le gouvernement constitutionnel y fut établi, etc. »

Faut-il *rappeler* au Directoire que ces troubles, cette guerre civile et tous les malheurs qu'elle a produits furent l'ouvrage de Santhonax ? Le Directoire paraît avoir oublié que Santhonax était à Saint-Domingue dès 1793 : il n'est parlé dans ce message que de sa dernière mission, en 1796, que de ses efforts pour améliorer la situation de la colonie, et pour en chasser les Anglais.

Et moi aussi j'étais à Saint-Domingue en 1793 : j'y fus témoin de la conduite de Santhonax. Je le vis dans la ville de Saint-Marc, lui et son collègue Polverel, persécutant les *blancs*, leur imposant arbitrairement d'énormes contributions, sous prétexte de salarier les brigands qu'il employait à dévaster leurs propriétés ; je le vis, à la tête des gens de couleur et des nègres révoltés, assiégeant, bombardant le Port-au-Prince, dont les habitans lui avaient refusé l'entrée, dans l'espoir de se préserver du pillage ; je le vis au Cap-Français !......

Rappellerai-je ici la destruction de cette ville si riche, si intéressante pour notre commerce ? J'y étais arrivé depuis quinze jours ;

j'admirais l'opulence des habitans, la beauté des magasins et des édifices publics, le magnifique coup-d'œil d'une rade couverte de trois cents navires chargés et prêts à faire voile pour l'Europe...... Tout à coup j'entends de sinistres tambours et des cris de cannibales..... Santhonax et Polverel paraissent avec leurs brigands! ils venaient de l'expédition du Port-au-Prince. Quel sort devait attendre le Cap-Français ?.....

Bientôt les nègres esclaves, qui, jusqu'à ce moment, étaient restés dans le devoir, se croyant libres depuis l'arrivée des commissaires de la Convention, leurs protecteurs, laissent éclater l'esprit d'indiscipline et de révolte; les maîtres sont insultés, des officiers de la marine attaqués, maltraités. Les commissaires, loin de réprimer ce désordre, repoussent durement les plaintes qui leur sont portées. Il serait trop long de dire par quels degrés l'indignation de toute la ville, portée à son comble, força les habitans de réclamer l'assistance des marins, pour s'emparer de la personne des tyrans. Le projet était de les mettre sous bonne et sûre garde à bord d'une frégate, et de les renvoyer en France.

Le signal est donné par le contre-amiral de

Sercey, chef des forces navales. Trois vaisseaux de 74 et cinq frégates, dont une, *la Fine*, commandée par le frère du ministre actuel de la marine (Tuguet), se sont embossés et menacent de canonner le palais du gouvernement. On donne des armes à tous les officiers, matelots et passagers des bâtimens marchands : ils font une descente et s'emparent de l'arsenal; ils marchent ensuite sur le palais; mais les commissaires s'y sont retranchés, il faut en faire le siége. Les marins, peu propres à ce genre d'attaque, perdent du temps à combiner leurs mesures : les commissaires en profitent pour faire venir des *mornes* (1) voisins une armée d'environ 20,000 nègres révoltés. Alors il fallut songer à se défendre contre ceux-ci : on se battit dans les rues pendant plus de quarante-huit heures. Enfin, accablés par le nombre des ennemis, qui augmentait toujours, nous nous vîmes forcés (car je suis aussi coupable d'avoir porté les armes contre Santhonax), nous nous vîmes forcés, dis-je, de gagner le bord de la mer pour nous rembarquer. Les vainqueurs, après s'être gorgés de dépouilles, mirent le feu aux quatre coins

---

(1) Des montagnes.

de la ville. Nous eûmes le spectacle de cet horrible incendie pendant trois jours et trois nuits que nous passâmes à sauver les *blancs*, hommes, femmes et enfans, qui se jetaient à l'eau pour échapper aux flammes et aux assassins. Un vent favorable nous permit enfin de sortir de la rade : nous allâmes tous nous réfugier à la Nouvelle - Angleterre, et nous laissâmes Santhonax triomphant sur des monceaux de cendres qui devinrent pour lui des mines d'or et d'argent ; car on a vu, par les dénonciations de plusieurs députés, qu'il fit chercher dans ces cendres tous les métaux fondus, et que, pour s'en assurer la possession, il ordonna le massacre des malheureux habitans qui les réclamaient comme leur propriété.

Santhonax revint en France avec son collègue Polverel : celui-ci mourut bientôt à Bordeaux, accablé des plus cuisans remords ; l'autre, après s'être montré si digne de la confiance de la Convention, obtint la confiance du Directoire, qui le chargea de *gouverner* une seconde fois la colonie de Saint-Domingue.

C'est cette deuxième partie du *gouvernement* de Santhonax que le Directoire entreprend de justifier.

Citoyens directeurs, *vous devez*, dites-vous, *au zèle de Santhonax de publier ses succès.* Avant de vous écouter sur ce point, je vous demande, avec toute la France, pourquoi vous fîtes choix d'un tel agent, malgré les cris d'improbation qui s'élevèrent alors contre vous : je vous demande si tous les crimes dont il s'est couvert étaient à vos yeux des titres de recommandation, ou bien si vous avez cru de bonne foi qu'il n'était pas coupable de la ruine de Saint-Domingue ?

Dans ce dernier cas, on pourrait vous reprocher de n'avoir écouté que lui et ses complices, intéressés à le disculper ; d'avoir fermé l'oreille aux trop justes plaintes des colons.

Dans l'autre cas, il nous serait permis de vous vouer à l'exécration universelle, et de provoquer contre vous-mêmes le châtiment que la justice réserve sans doute à votre agent.

Si vous persistez à regarder Santhonax comme innocent, répondez à cette autre question :

Sercey et Cambys, et Truguet, et tous les marins qui se trouvaient à l'affaire du Cap-Français, et moi-même, qui combattis aussi Santhonax, ne sommes-nous pas responsables du sang qui a coulé ? Un des deux partis n'avait-il pas tort ? Sur qui a-t-on vengé la mort de dix-huit ou vingt mille victimes qui périrent par le fer et par le feu ? Sercey commande actuellement nos forces navales dans les mers de l'Inde ; Cambys vit dans une paisible retraite : je ne vois de punis que ceux qui ont déjà tant souffert, les infortunés colons !..... Ils ont tout perdu ; ils traînent dans l'exil leur triste existence ; beaucoup d'entre eux meurent de faim et de désespoir !..... Est-ce donc là votre justice ? ne leur devez-vous d'autre soulagement que cette phrase insolemment compatissante : « *Peut-être ont-ils été trop découragés, trop inquiétés ?* »

Je passe à ce que vous dites sur l'occupation d'une partie de Saint-Domingue par les Anglais.

Les Anglais avaient-ils mis le pied sur le sol de cette île avant que Santhonax, en la ravageant, lui eût ôté les moyens de se défendre ? N'est-ce pas lorsqu'ils l'ont vue épuisée par la guerre civile qu'ils ont songé à s'en emparer ? Ne sont-ce pas les flammes du Cap incendié qui ont servi de phare à leurs vaisseaux ? Si donc quelqu'un peut être accusé de trahison, n'est-ce pas Santhonax ?

Et quand il serait vrai que quelque ville se fût rendue de plein gré, ne doit-elle pas vous paraître excusable, si c'était là le seul moyen qu'elle eût d'échapper au pillage dont la menaçait votre agent ? Ah ! la partie de Saint-Domingue occupée par les Anglais est bien moins à plaindre que celle qui gémit sous l'autorité de Santhonax ! Que dis-je ? la conduite de vos ennemis, dans cette colonie, contraste, d'une manière bien honorable pour eux, avec celle du dépositaire de votre autorité ; ils ont ramené la paix entre les diverses classes d'habitans, entre les hommes de différente couleur; ils ont rétabli la subordination dans les ateliers ; ils ont donné au commerce cette activité, cette vie qui anime toutes leurs possessions coloniales.

Portez un moment vos regards sur les îles du Vent, vous y verrez la même différence de situation. C'est ainsi que la Martinique, depuis quatre ans au pouvoir des Anglais, oublie déjà ses désastres de 1792 et de 1793 ; c'est ainsi qu'elle jouit d'une prospérité toujours croissante, pendant que, sous le *gouvernement* d'un autre de vos agens, du trop fameux Victor Hugues, de ce sanguinaire accusateur public de Rochefort, de ce digne délégué de la Convention, qui vous a paru digne aussi de votre confiance, la Guadeloupe est ruinée par le plus affreux brigandage, après avoir été décimée par la guillotine.

Voulez-vous savoir pourquoi les Anglais font à Saint-Domingue les dépenses énormes dont vous parlez, et pourquoi ils emploient des forces si considérables à s'y maintenir? Apprenez-le de la bouche même d'un ministre de S. M. Georges III, qui s'en est expliqué ces jours derniers dans une séance du parlement. La motion avait été faite de renoncer à l'occupation de Saint-Domingue, et d'en retirer les troupes. M. Dundas, au nom de son roi, combattit avec force cette motion; il demanda au contraire que de nouveaux sacrifices fussent consentis, pour parvenir à chasser entièrement de la colonie les Français révolutionnaires; il termina son discours par cette phrase bien remarquable :

« Si l'île de Saint-Domingue doit nous rester,
« il faut la préserver de la dévastation; si elle
« doit retourner aux Français, il nous sera glo-
« rieux d'avoir conservé pour la France cette
« belle colonie, que la détestable administra-
« tion des républicains menaçait de destruc-
« tion. »

Citoyens directeurs,

Vous l'avez entendu, vous ne rougissez pas!....

Cessez du moins, cessez de faire un crime aux colons de Saint-Domingue d'avoir cherché, sous le pavillon britannique, une protection si noblement accordée, lorsqu'ils ne trouvaient sous votre pavillon tricolore que l'humiliation, la ruine et la mort.

Il me reste à voir quelle est cette *amélioration* dont vous dites que la colonie de Saint-mingue est redevable à votre agent.

Vous daignez, à la suite de votre message, mettre sous les yeux du public quelques fragmens assez insignifians des lettres que vous écrit Santhonax, et voilà toutes les preuves que vous donnez de ses *succès*. Sachez donc, une bonne fois, qu'il nous faut d'autres rapports que les siens ou ceux de ses créatures; l'horreur qu'il nous inspire est pour nous un puissant préservatif contre la crédulité. C'est aux colons réfugiés, c'est à Vaublanc, leur courageux défenseur, que nous demandons des nouvelles de ce satrape, ainsi que de ses *succès*. Ils nous répondent : Gardez-vous d'ajouter foi aux messages du Directoire pour tout ce qui concerne Saint-Domingue; le Directoire est aveuglé, ou quelque intérêt secret que nous osons presque découvrir, l'attache à la cause de Santhonax. Il n'est pas vrai que la colonie *prospère*; il n'est pas vrai *que le calme y soit rétabli ;* il n'est pas vrai *que l'espoir soit rendu aux anciens propriétaires.* Voici la vérité :

L'année dernière, à l'arrivée des agens, tous les *blancs* restés dans l'île se crurent perdus en voyant reparaître Santhonax. Ceux qui avaient commencé à rebâtir leurs demeures, à reprendre la culture de leurs terres, abandonnèrent ces travaux; la plupart s'embarquèrent, pour mettre la mer entre eux et le bourreau. Les mulâtres, qui pendant sa première mission s'étaient enrichis des dépouilles de leurs maîtres, devinrent alors, faute de *blancs*, les objets de ses persécutions. *Il n'avait apporté de France que cent cinquante mille francs :* comment se procurer des millions ? Le moyen du pillage lui était familier : il le mit encore en usage. Les mulâtres résistèrent. Santhonax leur opposa les nègres, avec qui naguère ils avaient fait cause commune. Telle est à peu près la situation actuelle de Saint-Domingue. L'agent du Directoire s'est attaché à mettre en état de rapport, *pour son compte,* une trentaine environ des plus belles sucreries, dont les propriétaires ont été tués ou chassés; le produit de ces manufactures est vendu aux Anglo-Américains; et voilà ce que le Directoire appelle conserver la colonie, rappeler le commerce !

Qui ne se sent indigné après avoir examiné ce fidèle tableau !

Citoyens directeurs, je le répète, on vous trompe, ou vous nous trompez. Nous aimons mieux toutefois vous croire dupes, que.........; et en vérité, il n'y a rien là qui puisse nous étonner, lorsque nous réfléchissons à la distance qui vous sépare de Saint-Domingue, et lorsque nous voyons au sein même de la France, dans tel et tel département, *vos agens, les hommes de votre choix*, les hommes *dignes de votre confiance*, protéger ouvertement les anarchistes, tourmenter les bons citoyens, et vous faire croire qu'on vous bénit, tandis que de tous côtés s'élève contre vous le cri de la haine et de la vengeance.

Signé Frasans.

www.ingramcontent.com/pod-product-compliance
Lightning Source LLC
Chambersburg PA
CBHW071437060426
42450CB00009BA/2212